Niños fantásticos

Cuidar a los animales

Kristy Stark, M.A.Ed.

Créditos de publicación

Rachelle Cracchiolo, M.S.Ed., *Editora comercial*
Conni Medina, M.A.Ed., *Gerente editorial*
Nika Fabienke, Ed.D., *Realizadora de la serie*
June Kikuchi, *Directora de contenido*
Caroline Gasca, M.S.Ed., *Editora superior*
Sam Morales, M.A., *Editor asociado*
John Leach, *Editor asistente*
Kevin Pham, *Diseñador gráfico*
Jill Malcolm, *Diseñadora gráfica básica*

Créditos de imágenes: Todas las imágenes de iStock y/o Shutterstock.

Library of Congress Cataloging-in-Publication Data

Names: Stark, Kristy, author.
Title: Ni?nos fant?asticos : cuidar a los animales / Kristy Stark.
Other titles: Fantastic kids. Spanish
Description: Huntington Beach : Teacher Created Materials, [2019] | Identifiers: LCCN 2018009329 (print) | LCCN 2018013239 (ebook) | ISBN 9781425826246 (ebook) | ISBN 9781425826895 (paperback)
Subjects: LCSH: Pets--Juvenile literature.
Classification: LCC SF413 (ebook) | LCC SF413 .S7318 2019 (print) | DDC 636.088/7--dc23
LC record available at https://lccn.loc.gov/2018009329

Teacher Created Materials
5301 Oceanus Drive
Huntington Beach, CA 92649-1030
www.tcmpub.com

ISBN 978-1-4258-2689-5

Printed by: 51497
Printed in: China

Cuida a los seres vivos.

Lynn tiene un perro.

Lo cuida.

Ana tiene un pez.

Lo cuida.

Chris tiene un gato.

Lo cuida.

Hugo tiene un caballo.

Lo cuida.

Puedes hacer feliz a un animal.